PRINCIPES DE MUSIQUE

PAR

EUG. DUPREY

D'après B. Wilhem et F. Halévy.

GRENOBLE

MAISONVILLE ET FILS, IMPRIMEURS-LIBRAIRES
Rue du Quai, 8

RÉSUMÉ

DES

PRINCIPES DE MUSIQUE

PAR

EUG. DUPREY

D'après B. Wilhem et F. Halévy.

GRENOBLE

MAISONVILLE ET FILS, IMPRIMEURS-LIBRAIRES
Rue du Quai, 8

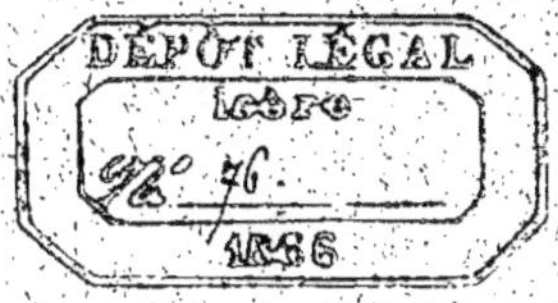

RÉSUMÉ

DES

PRINCIPES DE MUSIQUE.

CHAPITRE PREMIER.

Des notes, de la gamme, du ton et du demi-ton.

Nº 1. — D. *Qu'est-ce que la Musique?*

R. La Musique est l'art de combiner les sons d'une manière agréable à l'oreille. Lorsqu'on exécute de la musique avec la voix, on la nomme *Musique vocale*, et quand on l'interprète avec un instrument, on l'appelle *Musique instrumentale*.

Nº 2. — D. *La Musique peut-elle s'écrire?*

R. Oui, la musique s'écrit aussi facilement qu'une langue, et les caractères dont on se sert pour représenter les sons s'appellent *Notes*.

Nº 3. — D. *Combien y a-t-il de notes?*

R. Il y en a sept, que l'on nomme *ut* ou *do*, *ré*, *mi*, *fa*, *sol*, *la*, *si*, et ces sept notes représentent sept sons montant progressivement.

Nº 4. — D. *Qu'appelle-t-on la gamme, ou qu'est-ce qu'une gamme?*

R. C'est une suite de sept sons consécutifs, comme *ut* ou *do, ré, mi, fa, sol, la, si,* auxquels on en ajoute un huitième qui est la répétition du premier.

Nº 5. — D. *Comment nomme-t-on la distance qu'il y a entre chaque note ou entre chaque son de la gamme?*

R. On la nomme intervalle.

Nº 6. — D. *Ces distances, appelées intervalles, sont-elles d'égale grandeur?*

R. Non, il y en a deux qui sont plus petites de moitié; on les nomme *demi-tons;* et cinq qui sont d'égale grandeur : on les nomme *tons.*

Nº 7. — D. *Dites entre quelles notes de la gamme sont placés les cinq tons et les deux demi-tons?*

R. Les cinq tons de la gamme sont placés entre *do* et *ré, ré* et *mi, fa* et *sol, sol* et *la, la* et *si.* Les deux demi-tons sont placés entre *mi* et *fa,* et *si* et *do.*

CHAPITRE II.

Des figures de notes et de silences, des signes accidentels.

Nº 8. — D. *De quoi se sert-on pour indiquer ou représenter la durée des sons?*

R. La durée des sons est indiquée par la forme ou figure des notes.

Nº 9. — D. *Combien y a-t-il de figures ou d'espèces de notes?*

R. Sept, qui sont : la ronde, la blanche, la noire, la croche, la double croche, la triple croche et la quadruple croche.

On reconnaît ces différentes espèces de notes à leur forme.

Nº 10. — D. *Qu'est-ce qui indique ou représente la durée de l'interruption des sons?*

R. Ce sont des caractères de forme différente, appelés Silences.

Nº 11. — D. *Combien y a-t-il d'espèces de silences?*

R. Sept aussi, qui sont : la pause, la demi-pause, le soupir, le demi-soupir, le quart de soupir, le demi-quart ou huitième de soupir, et le seizième de soupir.

On les reconnaît également à leur forme.

Nº 12. — D. *Comment appelle-t-on certains caractères qui, placés devant les notes, en élèvent ou en abaissent l'intonation?*

R. On nomme ces caractères Signes accidentels, et il y en a trois : le dièse, le bémol et le bécarre.

Nº 13. — D. *Sur quoi écrit-on les sept notes de la gamme?*

R. Sur un assemblage de cinq lignes horizontales que l'on appelle une Portée.

Nº 14. — D. *Comment reconnaît-on les notes de la gamme, sur la portée?*

R. A la position qu'elles occupent sur les lignes ou entre les lignes.

Nº 15. — D. *De quoi se sert-on pour indiquer le nom des notes lorsqu'elles dépassent la portée, soit en dessus, soit en dessous ?*

R. De petites lignes que l'on nomme Lignes supplémentaires.

Nº 16. — D. *Comment compte-t-on les lignes de la portée ?*

R. De bas en haut.

CHAPITRE III.

Des exercices par lesquels on procède pour étudier la musique vocale, des clefs, de leur influence et de leur position sur la portée.

Nº 17. — D. *Qu'appelle-t-on des sons musicaux ?*

R. Les sons musicaux sont ceux que la voix peut suivre ou imiter en chantant.

Nº 18. — D. *Qu'est-ce que solfier ?*

R. C'est donner à chaque son musical le nom propre qui lui appartient, comme *ut* ou *do, ré, mi, fa, sol, la, si, do.*

Nº 19. — D. *Qu'est-ce que vocaliser ?*

R. C'est proférer des sons musicaux sur une voyelle.

Nº 20. — D. *Qu'est-ce que chanter ?*

R. C'est prononcer des paroles en émettant des sons musicaux.

Nº 21. — D. *Comment appelle-t-on le caractère de musique qui est placé au commencement de la portée ?*

R. Une clef.

Nº 22. — D. *Combien y en a-t-il d'espèces?*

R. Trois : la clef de *sol*, la clef de *fa* et la clef d'*ut*.

Nº 23. — D. *Quelle est l'influence des clefs?*

R. Quand les clefs changent de ligne, elles changent le nom des notes. Ainsi, lorsqu'une clef d'*ut* est posée sur la troisième ligne, la note placée sur cette ligne prend le nom de la clef, et l'on part de cette note pour nommer toutes les autres dans l'ordre de la gamme ; les autres clefs ont la même influence.

Nº 24. — D. *Sur quelle ligne de la portée se placent la clef de* sol, *la clef de* fa *et la clef d'*ut?

R. La clef de *sol* ne se place que sur la deuxième ligne; la clef de *fa* peut se poser sur la troisième et sur la quatrième ligne alternativement, et la clef d'*ut* sur les quatre premières lignes.

CHAPITRE IV.

Du diapason et des différentes espèces de voix.

Nº 25. — D. *Comment nomme-t-on l'étendue d'une voix ou d'un instrument?*

R. Diapason. On appelle aussi diapason un petit instrument formé de deux branches en acier qui, mises en vibration, donnent le son du *la*.

Nº 26. — D. *Nommez les voix qui occupent l'échelle diatonique des sons que la voix humaine peut parcourir?*

R. Il y en a trois, qui sont : la voix de basse, voix

grave des hommes; la voix de soprano ou de premier dessus, voix aiguë des femmes et des enfants; et la voix de ténor, voix d'homme qui tient le milieu entre la voix de basse et la voix de soprano.

N° 27. — D. *Comment désigne-t-on les différentes voix d'hommes, de femmes et d'enfants?*

R. Il y a trois sortes de voix pour les hommes : la voix de ténor, qui est leur voix aiguë (1); la voix de basse, qui est la voix grave (2); et la voix de baryton, qui est intermédiaire.

Il y a aussi trois sortes de voix pour les femmes : la voix de soprano 1°, qui est la plus aiguë; la voix de contralto, qui est la plus grave; et la voix de soprano 2°, ou mezzo-soprano, qui est moins aiguë que le soprano 1°. Les enfants ont la voix de premier dessus ou soprano 1°, deuxième dessus ou soprano 2°, et troisième dessus ou contralto.

N° 28. — D. *Pour quelle espèce de voix ou d'instrument se sert-on de la clef de* sol, *de la clef de* fa *et de la clef d'*ut?

R. La clef de *sol* sert pour les voix et les instruments à sons aigus; la clef de *fa*, pour les voix et les instruments à sons graves; la clef d'*ut*, pour les voix et les instruments à sons intermédiaires.

---

(1) La voix que l'on nomme haute-contre est une voix d'homme plus aiguë encore que celle du ténor.

(2) Et la basse-contre est plus grave encore que la basse.

CHAPITRE V.

De la mesure et de la distinction des temps.

N° 29. — D. *Qu'est-ce qu'une mesure de musique?*

R. Ce sont les notes et les silences contenus entre deux traits perpendiculaires que l'on appelle barres de mesure.

N° 30. — D. *Qu'appelle-t-on battre la mesure?*

R. C'est faire en solfiant ou en chantant des mouvements égaux de la main ou du pied pour mesurer exactement la durée des notes et des silences.

N° 31. — D. *Comment nomme-t-on les mouvements égaux que l'on fait pour battre la mesure?*

R. Des temps.

N° 32. — D. *Comment les distingue-t-on?*

R. En prononçant les chiffres 1, 2, 3, 4, qui veulent dire : premier, deuxième, troisième et quatrième temps.

N° 33. — D. *A quoi les reconnaît-on?*

R. A leur direction.

CHAPITRE VI.

De la valeur des notes et des silences.

N° 34. — D. *Qu'est-ce qui indique la durée des sons?*

R. Ce sont les différentes figures de notes par lesquelles ils sont représentés.

N° 35. — **D.** *Quelle est la valeur de la ronde, de la blanche, de la noire, de la croche, de la double croche, de la triple croche et de la quadruple croche ?*

R. La ronde vaut ou doit durer quatre temps, la blanche deux temps, la noire un temps, la croche un demi-temps, la double croche un quart de temps, la triple croche un huitième de temps, et la quadruple croche un seizième de temps.

N° 36. — **D.** *A quoi servent les silences ?*

R. Ils servent à remplacer les notes lorsque la voix ou l'instrument doit s'interrompre ou se taire, et par leurs différentes formes, ils indiquent la durée de l'interruption des sons.

N° 37. — **D.** *Quelle est la valeur de la pause, de la demi-pause, du soupir, du demi-soupir, du quart de soupir, du demi-quart ou huitième de soupir et du seizième de soupir ?*

R. La pause vaut ou doit durer quatre temps, la demi-pause deux temps, le soupir un temps, le demi-soupir un demi-temps, le quart de soupir un quart de temps, le demi-quart de soupir un demi-quart de temps, et le seizième de soupir un seizième de temps.

Il y a encore d'autres signes qui représentent des repos de plusieurs mesures ; ce sont de gros traits perpendiculaires qui occupent un ou plusieurs interlignes ; on les nomme bâtons de mesures, et ordinairement ils sont surmontés de chiffres qui indiquent le nombre de mesures à compter.

N° 38. — **D.** *Comment énonce-t-on les temps ou les*

portions de temps que les silences peuvent occuper dans une mesure?

R. En prononçant les chiffres 1, 2, 3, 4, pour la pause; 1, 2 pour la demi-pause; 1 pour le soupir; on dit encore 1 pour le demi-soupir, pour le quart de soupir, pour le demi-quart ou huitième de soupir et pour le seizième de soupir.

CHAPITRE VII.

Du point d'augmentation.

N° 39. — D. *Qu'est-ce qu'une note ou un silence pointé?*

R. C'est une note ou un silence suivi d'un point.

N° 40. — D. *Quel est l'effet de ce point?*

R. Ce point augmente la note ou le silence de la moitié de sa valeur.

N° 41. — D. *Quelle est la valeur d'une note ou d'un silence suivi de deux points successifs?*

R. Le premier point augmente la note ou le silence de la moitié de sa valeur, et le deuxième point du quart de la note ou de la moitié du premier point.

CHAPITRE VIII.

Des espèces de mesures et de leurs indications.

N° 42. — D. *Combien y a-t-il d'espèces de mesures?*

R. Trois : la mesure à quatre temps, à trois temps et à deux temps.

Il y a aussi la mesure à cinq temps, qui est moins usitée et que l'on peut battre de deux manières : 1° à trois et à deux temps successivement; 2° le premier temps en frappant, le deuxième à droite, le troisième à gauche, le quatrième à droite, et le cinquième en levant.

N° 43. — D. *Comment doit-on battre la mesure à quatre temps, la mesure à trois temps et la mesure à deux temps?*

R. La mesure à quatre temps se bat : le premier temps en frappant, le deuxième à gauche, le troisième à droite, et le quatrième en levant.

La mesure en trois temps se bat : le premier temps en frappant, le deuxième à droite, et le troisième en levant.

La mesure à deux temps se bat : le premier temps en frappant, et le deuxième en levant.

N° 44. — D. *De quoi se sert-on pour indiquer les différentes espèces de mesures?*

R. On se sert de lettres, d'un seul chiffre ou de deux chiffres, écrits en forme de fraction et placés immédiatement après la clef.

TABLEAU GÉNÉRAL DES MESURES.

Mesures les plus usitées.

N° 45. — D. Comment doit-on battre la mesure indiquée par un C ou un 4 seul ?.... R.	A quatre temps. Une noire par temps ou valeur équivalente (mesure simple).
D. Celle indiquée par un 3 seul ou par un 3 et un 4 ? R.	A trois temps. Une noire par temps ou valeur équivalente (mesure simple).
D. Celle indiquée par un 2 et un 4 ?.............. R.	A deux temps. Une noire par temps ou valeur équivalente (mesure simple).
D. Celle indiquée par un C barré ou par un 2 seul ?.. R.	A deux temps. Une blanche par temps ou valeur équivalente. (mesure simple).
N° 46. — D. Comment bat-on la mesure indiquée par 2 et 8 ?................... R.	A deux temps. Une croche par temps ou valeur équivalente (mesure simple).
D. Celle indiquée par 3 et 8 ? R.	A trois temps. Une croche par temps ou valeur équivalente (mesnre simple).
D. Celle indiquée par 6 et 8 ? R.	A deux temps. Trois croches par temps ou valeur équivalente (mesure composée).
D. Celle indiquée par 9 et 8 ? R.	A trois temps. Trois croches par temps ou valeur équivalente (mesure composée).
D. Celle indiquée par 12 et 8 ?................... R.	A quatre temps. Trois croches par temps ou valeur équivalente (mesure composée).

TABLEAU GÉNÉRAL DES MESURES *(Suite)*.

Mesures peu usitées.

N° 47. — D. *Comment doit-on battre la mesure indiquée par 2 et 1?* . . . . R.	**A deux temps.** Une ronde par temps ou valeur équivalente (mesure simple (.
D. *Celle indiquée par 3 et 1?* R.	**A trois temps.** Une ronde par temps ou valeur équivalente (mesure simple).
D. *Celle indiquée par 3 et 2?* R.	**A trois temps.** Une blanche par temps ou valeur équivalente (mesure simple).
D. *Celle indiquée par 4 et 2?* R.	**A quatre temps.** Une blanche par temps ou valeur équivalente (mesure simple).
D. *Celle indiquée par 6 et 2?* R.	**A deux temps.** Trois blanches par temps ou valeur équivalente (mesure composée).
D. *Celle indiquée par 9 et 2?* R.	**A trois temps.** Trois blanches par temps ou valeur équivalente (mesure composée).
D. *Celle indiquée par 6 et 4?* R.	**A deux temps.** Trois noires par temps ou valeur équivalente (mesure composée).
D. *Celle indiquée par 9 et 4?* R.	**A trois temps.** Trois noires par temps ou valeur équivalente (mesure composée).
D. *Celle indiquée par 12 et 4?* . . . . R.	**A quatre temps.** Trois noires par temps ou valeur équivalente (mesure composée).

N° 48. — D. *Comment faut-il battre la mesure indiquée par 3 et 16?* . . . . R.	**A trois temps.** Une double croche par temps ou valeur équivalente (mesure simple).
D. *Celle indiquée par 6 et 16?* . . . . R.	**A deux temps.** Trois doubles croches par temps ou valeur équivalente (mesure composée).
N° 49. — D. *Celle indiquée par 9 et 16* . . . . R.	**A trois temps.** Trois doubles croches par temps ou valeur équivalente (mesure composée).
D. *Comment faut-il battre la mesure indiquée par un 5 seul ou par 5 et 4?* . . . . R.	**A cinq temps.** Une noire par temps ou valeur équivalente (mesure simple).

Cette mesure peut se battre de deux manières : le premier temps, en frappant, le deuxième à droite, le troisième à gauche, le quatrième à droite, le cinquième en levant, ou l'on peut réunir la mesure à trois temps à la mesure à deux, pour faire celle à cinq temps.

N° 50. — D. *Dans quel cas bat-on la mesure à un temps?*

R. On bat la mesure à un temps lorsqu'il faut exécuter un trois-huit ou un trois-seize dont le mouvement est très-rapide, ce qui empêche de marquer les trois temps; alors, on frappe le premier, et en levant vivement pour le deuxième. On le fait deux fois plus long que le premier.

~~~~~~~~
~~~~~~~~

CHAPITRE X.

De la barre de séparation, de la barre de reprise et de la reprise.

N° 51. — D. *Comment appelle-t-on les deux fortes barres qui terminent un morceau ou qui en marquent les divisions?*

R. Barres de séparation et barres de reprise, lorsqu'elles sont précédées ou suivies de deux points. Lorsqu'une barre de reprise est précédée et suivie de deux points, cela indique qu'il faut répéter la reprise qui précède ainsi que celle qui suit.

N° 52. — D. *Qu'est-ce qu'une reprise?*

R. Ce sont toutes les mesures contenues entre deux barres de reprise, ou à partir de la première mesure d'un morceau jusqu'à une barre de reprise.

N° 53. — D. *Que faut-il faire lorsque les points précèdent la barre de reprise et qu'il y a 1re fois écrit au-dessus d'une mesure, et 2e fois au-dessus d'une autre?*

R. Il faut reprendre au commencement de la reprise et passer la mesure au-dessus de laquelle il y a 1re fois, pour dire celle où il y a 2e fois.

CHAPITRE XI.

De la liaison, des notes coulées et de l'accolade.

N° 54. — D. *Qu'est-ce qu'une accolade?*

R. C'est une espèce d'arc ou un simple trait de

plume qui unit deux ou plusieurs portées, ce qui indique que l'exercice ou le morceau est écrit à plusieurs parties.

Nº 54 *bis*. — D. *Qu'est-ce qu'une liaison?*

R. C'est une petite ligne courbe qui unit deux notes semblables ou deux notes différentes.

Nº 55. — D. *Comment exécute-t-on deux notes semblables, comme deux* ut *ou deux* ré *unis par une liaison?*

R. On ne doit nommer que la première, à laquelle on donne la valeur des deux.

Nº 56. — D. *Qu'est-ce que des notes coulées?*

R. Ce sont des notes différentes, unies par une liaison.

Nº 57. — D. *Comment doit-on exécuter les notes coulées?*

R. Les notes coulées, en chantant, doivent se faire d'une même articulation, et l'on doit non-seulement lier parfaitement tous les sons entre eux, mais appuyer et faire sentir, plus que les autres, la première des notes coulées; sur les instruments à cordes, on doit faire toutes les notes coulées du même coup d'archet, et sur les instruments à vent, du même coup de langue.

CHAPITRE XII.

Du rhythme, de la manière d'attaquer le son et des progressions.

Nº 58. — D. *Qu'est-ce que le rhythme?*

R. Le rhythme est l'animation ou le mouvement

donné par le retour symétrique des mêmes valeurs
affectées aux mêmes temps de la mesure; ainsi, le tam-
bour est l'instrument par excellence pour marquer
et donner une idée du rhythme, car cet instrument,
qui ne possède qu'une seule note, a, par le retour
symétrique et périodique des différents coups de ba-
guette, assez de puissance pour faire marcher les
soldats en mesure et avec ensemble.

Ce qui constitue encore le rhythme, c'est la différence de durée des sons : ainsi, dans une mélodie ou
un air, il est des sons sur lesquels on reste plus
longtemps que sur d'autres. Cette différence de durée
des sons s'appelle aussi rhythme.

N° 59. — D. *Qu'est-ce que faire la lecture rhyth-
mique?*

R. C'est nommer les notes en battant la mesure, et
sans leur donner d'intonation musicale.

N° 60. — D. *Que veut dire en musique le mot*
attaquer ?

R. Attaquer, c'est commencer l'exécution d'un
morceau de musique ou le reprendre après un silence.

N° 61. — D. *Comment faut-il attaquer le son?*

R. Il faut attaquer le son franchement et avec
justesse, sans y arriver par aucune traînée de la
voix.

N° 62. — D. *Quelle est la règle générale d'exécution à observer en chantant, lorsque le chant est as-
cendant et lorsqu'il est descendant?*

R. Il faut augmenter le degré de force des sons en
passant du grave à l'aigu, et l'affaiblir en descendant
de l'aigu vers le grave.

Nº 63. — D. *Qu'est-ce qu'une progression en musique?*

R. C'est la répétition d'un même intervalle, à partir de chaque degré de la gamme. Il y a des progressions de secondes, de tierces, etc.

CHAPITRE XIII.

Des mouvements, de leurs indications et de l'articulation.

Nº 64. — D. *Qu'est-ce que le mouvement?*

R. C'est le degré de vitesse ou de lenteur que l'on donne à la mesure.

Nº 65. — D. *Combien distingue-t-on de mouvements principaux?*

R. Cinq, qui s'indiquent par des mots italiens que l'on place au commencement et en tête des morceaux de musique.

Nº 66. — D. *Nommez-les en commençant par le plus lent?*

R. *Largo* ou *lento*, qui veut dire lentement; *Adagio*, à l'aise, posément; *Andante*, modéré, avec grâce; *Allegro*, vif ou gai; et *Presto*, vite (Il y a aussi d'autres termes italiens pour indiquer les mouvements intermédiaires).

Nº 67. — D. *Qu'est-ce que l'articulation?*

R. C'est une manière d'exécuter nette et distincte, qui ne laisse pas perdre une syllable des paroles ni une note de la musique.

N° 68. — D. *L'articulation est-elle variable?*

R. L'articulation est variable et doit être plus ou moins forte et marquée, selon l'étendue de la salle et en raison de la distance où l'on se trouve des auditeurs.

CHAPITRE XIV.

Des intervalles.

N° 69. — D. *Qu'est-ce qu'un intervalle d'unisson, de seconde, de tierce, de quarte, de quinte, de sixte, de septième et d'octave?*

R. L'intervalle d'unisson est formé par deux notes posées sur la même ligne ou entre les mêmes lignes, comme deux *ut*, deux *ré*, deux *mi*, etc.

L'intervalle de seconde est formé par deux notes diatoniques, comme d'*ut* à *ré*, de *ré* à *mi*, etc.

L'intervalle de tierce, par trois notes diatoniques, comme d'*ut* à *mi*, de *ré* à *fa*, etc.

L'intervalle de quarte, par quatre notes diatoniques, comme d'*ut* à *fa*, de *ré* à *sol*, de *mi* à *la*, etc.

L'intervalle de quinte, par cinq notes diatoniques, comme d'*ut* à *sol*, de *ré* à *la*, etc.

L'intervalle de sixte, par six notes diatoniques, comme d'*ut* à *la*, de *ré* à *si*, etc.

L'intervalle de septième, par sept notes diatoniques, comme d'*ut* à *si*, de *ré* à *ut*, etc.

L'intervalle d'octave, par huit notes diatoniques, comme d'*ut* à *ut*, de *ré* à *ré*, etc.

Nº 70. — D. *Quelles sont les différentes formes qu'un intervalle quelconque peut avoir?*

R. Un intervalle peut être majeur ou mineur, augmenté ou diminué.

Nº 71. — D. *A quoi les reconnaît-on?*

R. Au nombre de tons et de demi-tons dont ils sont formés.

CHAPITRE XV.

De la composition des intervalles, de ceux que l'on emploie fréquemment et de ceux qui sont presque inusités.

Nº 72. — D. *De quoi est composé l'intervalle de*

Seconde	MINEURE.......	R. D'un demi-ton.
	MAJEURE.......	R. D'un ton.
	AUGMENTÉE.....	R. D'un ton et demi-ton (ou 1 ton 1/2).
73 Tierce..	DIMINUÉE	R. De deux demi-tons (ou 1 ton).
	MINEURE.......	R. D'un ton et d'un demi-ton (ou 1 ton 1/2).
	MAJEURE	R. De deux tons.
	AUGMENTÉE......	R. De deux tons et d'un demi-ton (ou 2 tons 1/2).
74 Quarte.	DIMINUÉE	R. D'un ton et de deux demi-tons (ou 2 tons).
	MINEURE, que l'on nomme aussi *Quarte juste..*	R. De deux tons et d'un demi-ton (ou 2 tons 1/2).
	MAJEURE, que l'on nomme aussi *Augmentée* ou *Triton*	R. De trois tons.
	AUGMENTÉE	De trois tons et d'un demi-ton (ou 3 tons 1/2), comme de *fa* à *si* dièze, de *ré* bémol à *sol* dièze, etc.

75 *Quinte.*	DIMINUÉE	R. D'un ton et de trois demi-tons (ou 2 tons 1/2), comme de *sol* dièze à *ré* bémol.
	MINEURE, que l'on nomme aussi *Quinte diminuée*	R. De deux tons et de deux demi-tons (ou 3 tons).
	MAJEURE, que l'on nomme ordinairement *Juste* ou *inaltérée* . .	R. De trois tons et d'un demi-ton (ou trois tons 1/2).
	AUGMENTÉE	R. De trois tons et de deux demi-tons (ou 4 tons).
76 *Sixte* . . .	DIMINUÉE	R. De trois tons et d'un demi-ton (ou 3 tons et 1/2).
	MINEURE	R. De trois tons et de deux demi-tons (ou 4 tons).
	MAJEURE	R. De quatre tons et d'un demi-ton (ou 4 tons 1/2).
	AUGMENTÉE	R. De quatre tons et de deux demi-tons (ou 5 tons).
77 *Septième*	DIMINUÉE	R. De trois tons et de trois demi-tons (ou 4 tons et 1/2).
	MINEURE	R. De quatre tons et de deux demi-tons (ou 5 tons).
	MAJEURE	R. De cinq tons et d'un demi-ton (ou 5 tons et 1/2).
	AUGMENTÉE	R. De six tons.
78 *Octave* . .	JUSTE	R. De cinq tons et de deux demi-tons.

REMARQUE. — L'intervalle augmenté a un demi-ton de plus que le même intervalle majeur.

L'intervalle diminué a un demi-ton de moins que le même intervalle mineur, et l'intervalle majeur a un demi-ton de plus que le même intervalle mineur.

Certains intervalles, augmentés ou diminués, n'existent pour ainsi dire que théoriquement et par analogie.

Les intervalles qui sont fréquemment employés sont la seconde augmentée, la quinte augmentée et la sixte augmentée ; la tierce diminuée, la quarte diminuée et la septième diminuée.

Les intervalles qui sont presque inusités sont : la tierce augmentée, la quarte augmentée et la septième augmentée ; la seconde diminuée. (La seconde diminuée n'existe que théoriquement ; il faut, pour former un intervalle diminué d'un intervalle mineur, retrancher de celui-ci un demi-ton. Or, la seconde mineure ne se compose que d'un demi-ton, il ne resterait donc rien ; en effet, les sons *ut* dièse et *ré* bémol, *mi* dièse et *fa* naturel, qui forment en théorie une seconde diminuée, sont enharmoniques l'un de l'autre et se confondent dans la même intonation. La quinte diminuée et la sixte diminuée sont aussi des intervalles très-peu usitées. Enfin ceux qui ne s'emploient jamais sont remplacés par leurs enharmoniques.

Si l'on continue la série des intervalles en dépassant l'octave, comme par exemple de l'*ut* au *ré* ou de l'*ut* au *mi* de l'octave suivante, etc., ces intervalles, dépassant l'octave, se nomment redoublés, et ils reçoivent, comme les intervalles simples, un nom tiré de la quantité de degrés qu'ils contiennent ; ainsi, la seconde redoublée, qui contient neuf degrés ou neuf notes, se nomme neuvième ; la tierce redoublée, dixième, etc.

CHAPITRE XVI.

Du renversement des intervalles.

N° 79. — D. *Qu'est-ce que renverser un intervalle?*

R. C'est faire du son grave le son aigu, ou du son aigu le son grave.

N° 80. — D. *Dites quel est le résultat du renversement des intervalles?*

	Première colonne.	Deuxième colonne.

R. La seconde, renversée, devient une septième.

la 2ᵉ

$$\frac{7}{9}$$

La seconde mineure renversée devient septième majeure.
La seconde majeure, septième mineure.
La seconde augmentée — septième diminuée.

La tierce — sixte

la 3ᵉ

$$\frac{6}{9}$$

La tierce diminuée — sixte augmentée.
La tierce mineure — sixte majeure.
La tierce majeure — sixte mineure.
La tierce augmentée — sixte diminuée.

La quarte — quinte

la 4ᵉ

$$\frac{5}{9}$$

La quarte diminuée — quinte augmentée.
La quarte mineure — quinte majeure.
La quarte majeure — quinte mineure.
La quarte augmentée — quinte diminuée.

La quinte — quarte

la 5ᵉ

$$\frac{4}{9}$$

La quinte diminuée — quarte augmentée.
La quinte mineure — quarte majeure.
La quinte majeure — quarte mineure.
La quinte augmentée. — quarte diminuée.

Première colonne.	Deuxième colonne.

La sixte — tierce
la 6e
$$\frac{3}{9}$$

{ La sixte diminuée — tierce augmentée.
La sixte mineure — tierce majeure.
La sixte majeure — tierce mineure.
La sixte augmentée — tierce diminuée.

La sept^{me} — seconde
la 7e
$$\frac{2}{9}$$

{ La septième diminuée — seconde augmentée.
La septième mineure — seconde majeure.
La septième majeure — seconde mineure.
La septième augmentée — seconde diminuée.

L'octave-unisson
la 8e
$$\frac{1}{9}$$

{ L'octave — unisson.

CHAPITRE XVII.

Des notes diésées, des notes bémolisées et des notes précédées d'un bécarre.

N° 81. — *D. Comment nomme-t-on certains signes que l'on met devant les notes afin d'en élever ou d'en abaisser l'intonation?*

R. On les nomme signes accidentels ou accidents. Il y en a trois, qui sont : le dièse, le bémol et le bécarre.

N° 82. — D. *Quel est l'effet du dièse, du bémol et du bécarre?*

R. Le dièse élève d'un demi-ton la note devant laquelle il est placé ; le bémol l'abaisse d'un demiton, et le bécarre rétablit la note dans son état naturel, et, par conséquent, détruit l'effet du dièse ou du bémol, et rend simple le double-dièse qui élève la note d'un ton, ainsi que le double bémol qui l'abaisse d'un ton.

N° 83. — D. *Comment appelle-t-on la note précédée d'un dièse?*

R. Note diésée.

N° 84. — *Comment appelle-t-on la note précédée d'un bémol?*

R. Note bémolisée.

N° 85. — D. *Comment appelle-t-on la note précédée d'un bécarre?*

R. Note naturelle ou bécarrisée.

CHAPITRE XVIII.

Du partage de chaque ton de la gamme, des espèces de demitons et de la gamme chromatique.

N°. 86 — D. *Comment peut-on partager chaque ton de la gamme?*

R. Chaque ton de la gamme peut se partager en deux demi-tons à peu près égaux, au moyen du dièse ou du bémol.

N° 87. — D. *Combien y a-t-il d'espèces de demi-tons ?*

R. Deux : les demi-tons chromatiques et les demi-tons diatoniques.

N° 88. — D. *Qu'est-ce que les demi-tons chromatiques et qu'est-ce que les diatoniques ?*

R. Les demi-tons chromatiques sont ceux qui sont formés par des dièses ou par des bémols, et les diatoniques sont ceux qui sont naturellement placés dans la gamme, comme de *mi* à *fa* et de *si* à *ut.*

REMARQUE. — Quoique l'oreille n'apprécie pas facilement la différence de grandeur d'un demi-ton chromatique avec un demi-ton diatonique, cette différence existe cependant, et d'après des expériences modernes, ces derniers n'auraient que quatre commas (le comma est la neuvième partie d'un ton), tandis que les chromatiques en ont toujours cinq.

La science acoustique a déterminé, d'une manière fixe, le rapport des sons entre eux, et elle a prouvé, physiquement que neuf commas forment l'intervalle qui est considéré comme l'unité et qu'on appelle ton.

N° 89. — D. *Comment nomme-t-on la gamme qui procède par demi-tons consécutifs ?*

R. Gamme chromatique ou nuancée.

N° 90. — D. *Par quoi la gamme chromatique est-elle produite ?*

R. Par des dièses ou par des bémols.

CHAPITRE XIX.

De l'armure de la clef, des dièses et bémols accidentels,
de l'ordre de génération des dièses et des bémols.

N° 91. — D. *Comment appelle-t-on les dièses ou les bémols qui sont placés immédiatement après la clef?*

R. On les nomme l'armure de la clef.

N° 92. — D. *Comment nomme-t-on ceux qui sont dans le courant du morceau de musique?*

R. On les nomme dièses ou bémols accidentels.

N° 93. — D. *Quelle est l'influence de l'armure de la clef?*

R. Les dièses ou bémols de l'armure influent, pendant toute la durée du morceau, sur toutes les notes qui portent leur nom et à toutes les octaves.

N° 94. — D. *Quelle est l'influence des dièses ou bémols accidentels?*

R. Ils n'influent que dans la mesure où ils sont placés et sur les notes portant leur nom et qui suivent.

N° 95. — D. *Dans quel ordre de génération les sept dièses se présentent-ils?*

R. Dans un ordre de quintes ascendantes, en commençant par *fa*.

N° 96. — D. *Dans quel ordre de génération les sept bémols se présentent-ils?*

R. Dans un ordre de quintes descendantes, en commençant par *si*.

N° 97. — D. *Nommez les sept dièses?*

R. *Fa, do, sol, ré, la, mi, si.*

N° 98. — D. *Nommez les sept bémols?*

R. *Si, mi, la, ré, sol, do, fa.*

N° 99. — D. *Comment écrit-on les signes accidentels dièses ou bémols?*

R. Comme les notes, sur les lignes et entre les lignes de la portée.

CHAPITRE XX.

Des intervalles majeurs et mineurs, de la place des demi-tons dans les gammes majeures et mineures, des dièses et bémols constitutifs.

N° 100. — D. *Un intervalle majeur peut-il devenir mineur, et un mineur majeur?*

R. Oui ; cette transformation s'opère par l'emploi convenable des dièses, des bémols et des bécarres.

N° 101. — D. *Comment nomme-t-on la première note d'une gamme, la troisième, la cinquième, la septième et la huitième?*

R. La première note d'une gamme s'appelle tonique ; la troisième, tierce ou médiante ; la cinquième, quinte ou dominante ; la septième, note sensible, et la huitième, tonique, comme la première.

N° 102. — D. *Dites où doivent être placés les demi-tons dans les gammes majeures?*

R. Dans les gammes majeures, le premier demi-ton

doit être du troisième au quatrième degré, et le second, du septième au huitième.

Nº 103. — D. *Dites où doivent être placés les demi-tons dans les gammes mineures ?*

R. Dans les gammes mineures, le premier demi-ton doit être du deuxième au troisième degré, et le second, du septième au huitième. Mais cette gamme peut avoir aussi un autre demi-ton placé du cinquième au sixième degré (ce qui lui donne plus de caractère encore) ; enfin, c'est facultatif, et on peut l'écrire de deux manières.

Nº 104. — D. *Comment appelle-t-on les dièses ou bémols qui servent à constituer les gammes majeures ou mineures ?*

R. Dièses ou bémols constitutifs.

Nº 105. — D. *Composez sur le tableau ou sur du papier des gammes majeures et des gammes mineures.*

Nº 106. — D. *Comment nomme-t-on encore les gammes majeures et les gammes mineures ?*

R. On les appelle encore gammes diatoniques, parce qu'elles procèdent principalement par tons consécutifs, tandis que celles qui ne sont formées que par des demi-tons se nomment gammes chromatiques.

CHAPITRE XXI.

De la transformation des gammes majeures en mineures et des mineures en majeures.

N° 107. — D. *Une gamme majeure peut-elle devenir mineure, et une mineure majeure?*

R. Il suffit, pour changer une gamme majeure en mineure, de baisser d'un demi-ton la médiante, et, si l'on veut donner plus de caractère encore à la gamme mineure, il faut baisser également la sus-dominante, et pour changer une gamme mineure en majeure, il faut élever la médiante d'un demi-ton.

N° 108. — D. *Comment forme-t-on l'armure d'un ton mineur?*

R. Pour former l'armure d'un ton mineur, il faut ajouter trois bémols à celle du ton majeur, ou en retrancher trois dièses : ainsi, pour la transformation d'*ut* majeur en *ut* mineur, mettez trois bémols à la clef ; pour la transformation de *la* majeur en *la* mineur, supprimez les trois dièses qui sont à la clef ; quand cette suppression a lieu dans un ton ayant plus de trois dièses, c'est à partir du dernier dièse qu'il faut commencer le retranchement.

Lorsque le ton majeur n'a que deux dièses à la clef, effacez-les et mettez un bémol à la place pour passer dans le même ton mineur ; l'effet est alors le même que dans la suppression de trois dièses.

Le ton de *sol* majeur n'ayant qu'un dièze, effacez-le, mettez deux bémols, et vous aurez *sol* mineur.

On voit que, dans cette règle, effacer des dièses ou ajouter des bémols donne le même résultat.

Nº 109. — D. *Les gammes mineures descendantes doivent-elles être en tout semblables aux gammes mineures ascendantes?*

R. Non, cela n'est pas absolument nécessaire, parce que, en descendant, la septième note marche vers la sixième, au lieu de conduire à la tonique, de sorte qu'elle perd son caractère de note sensible, et, pour cette raison, on peut, si l'on veut, supprimer l'altération de cette septième note; enfin, c'est le goût et le sentiment qui doivent guider pour la formation des gammes mineures descendantes.

CHAPITRE XXII.

Du mot *ton* et des divisions de la tonalité.

Nº 110. — D. *Jusqu'à présent nous n'avons employé le mot* ton *que comme mesure de distance, et exprimant celle qui sépare* ut de ré, fa de sol, *etc., tandis que le demi-ton exprime une distance de moitié moins grande; enfin, nous savons aussi que l'un et l'autre sont les éléments d'analyse pour les intervalles?*

Mais, dites quelle est encore l'autre acception du mot ton *en musique?*

R. « Le mot ton signifie encore l'ensemble des sons qui forment une gamme. Chanter dans un ton, c'est faire entendre une mélodie formée des sons qui composent cette gamme et procédant aussi bien par degrés disjoints que par degrés conjoints. »

Nº 111. — *D. Quelles sont les distinctions ou divi-sions de la tonalité?*

R. On distingue les tons majeurs et les tons mi-neurs, que l'on caractérise par le mot *mode* (mode signifie manière d'être du ton ou modification du ton) ; ainsi, l'on dit, d'une manière générale, le ton ou le mode majeur, le ton ou le mode mineur : cet air est dans le mode majeur, dans le mode mineur, pour exprimer qu'un air est composé avec les éléments, soit d'une gamme majeure, soit d'une gamme mineure.

CHAPITRE XXIII.

Des modes ou tons relatifs, de ce qui détermine le ton et le mode d'une gamme ou d'un morceau.

Nº 112. — *D. Comment qualifie-t-on le mode ma-jeur et le mode mineur, qui ont la même armure, mais qui cependant ont des noms différents?*

R. On les appelle modes ou tons relatifs.

Nº 113. — *D. A quelle distance sont-ils placés l'un de l'autre?*

R. Le mode mineur est toujours placé une tierce mineure au-dessous du mode majeur relatif.

Nº 114. — *D. Qu'est-ce qui détermine le ton d'une gamme ou d'un morceau?*

R. C'est la tonique : ainsi, quand la tonique est *sol*, le morceau ou la gamme est dans le ton de *sol ;* quand la tonique est *ré*, le morceau est en *ré*, etc.

3

Nº 115. — D. *Qu'est-ce qui détermine le mode?*

R. C'est la tierce supérieure de la tonique ; lorsque cette tierce est majeure, le mode est majeur, et lorsqu'elle est mineure, le mode est mineur.

RemarquÉ. On reconnaît aussi le ton mineur relatif d'un ton majeur par l'altération de la septième note, toujours haussée d'un demi-ton dans toute gamme mineure.

Nº 116. — D. *Qu'appelle-t-on notes tonales et notes modales d'une gamme?*

R. Les notes tonales d'une gamme sont la première, la quatrième et la cinquième, tonique, sus-médiante et dominante ; elles sont invariables, car on ne peut les altérer sans changer de ton.

Les notes modales d'une gamme sont la troisième et la sixième médiante et sus-dominante (la septième note d'une gamme peut être aussi appelée modale, parce qu'elle est variable dans les gammes mineures descendantes) ; on les nomme modales, parce qu'elles déterminent la nature du mode. Ainsi, comme on l'a déjà dit, lorsque la tierce surtout et la sixte forment avec la tonique inférieure des intervalles majeurs, le mode est majeur ; et lorsqu'elles forment des intervalles mineurs, le mode est mineur. Les notes modales sont variables et peuvent être altérées, sans pour cela faire changer de ton ; on ne fait que changer de mode.

CHAPITRE XXIV.

Des tons déterminés par l'armure.

Nº 117. — D. *Dans quel ton est un morceau lorsqu'il n'y a ni dièses ni bémols à la clef?*

R. En *ut* majeur ou en *la* mineur.

Nº 118. — D. *Dans quel ton est-on avec un dièse à la clef?*

R. En *sol* majeur ou en *mi* mineur.

Nº 119. — D. *Avec deux dièses?*

R. En *ré* majeur ou en *si* mineur.

Nº 120. — D. *Avec trois dièses?*

R. En *la* majeur ou en *fa* dièse mineur.

Nº 121. — D. *Avec quatre dièses?*

R. En *mi* majeur ou en *ut* dièse mineur.

Nº 122. — D. *Avec cinq dièses?*

R. En *si* majeur ou en *sol* dièse mineur.

Nº 123. — D. *Avec six dièses?*

R. En *fa* dièse majeur ou en *ré* diése mineur.

Nº 124. — D. *Avec sept dièses?*

R. En *ut* dièse majeur ou en *la* dièse mineur.

Nº 125. — D. *Dans quel ton est un morceau avec un bémol à la clef?*

R. En *fa* majeur ou en *ré* mineur.

Nº 126. — D. *Dans quel ton est-on avec deux bémols à la clef?*

R. En *si* bémol majeur ou en *sol* mineur.

Nº 127. — D. *Avec trois bémols?*

R. En *mi* bémol majeur ou en *ut* mineur

Nº 128. — D. *Avec quatre bémols?*

R. En *la* bémol majeur ou en *fa* mineur.

Nº 129. — D. *Avec cinq bémols?*

R. En *ré* bémol majeur ou en *si* bémol mineur.

Nº 130. — D. *Avec six bémols?*

R. En *sol* bémol majeur ou en *mi* bémol mineur.

Nº 131. — D. *Avec sept bémols?*

R. En *ut* bémol majeur ou en *la* bémol mineur.

CHAPITRE XXV.

Des nuances, du renvoi et des sons filés.

N° 132. — D. *Qu'entend-on par nuances, qu'est-ce que des nuances?*

R. Les nuances sont les différentes modifications de force ou de douceur que l'on donne aux sons.

N° 133. — D. *Comment les indique-t-on?*

R. Par des mots italiens que l'on écrit presque toujours en abréviation.

N° 134. — D. *Nommez-les?*

R. Piano ou *p* ou dolce, qui veut dire doux, à demi-voix.

Pianissimo ou *pp.*, qui veut dire très-doux.

Forte ou *f.*, qui veut dire fort.

Fortissimo ou *ff.*, qui veut dire très-fort

Mezzoforte ou *mfz.*, qui veut dire demi-fort.

Sforzato ou *sf.*, qui veut dire forcé subitement.

Rinforzando ou rinf., qui veut dire en renforçant.

Crescendo ou cresc., qui veut dire en augmentant progressivement la force du son ou des sons.

Decrescendo ou decresc., qui veut dire en diminuant progressivement la force du son ou des sons.

Expressivo ou expres., qui veut dire avec expression.

N° 135. — D. *Dites ce que signifie :*

A tempo ou *tempo 1°?* R. Reprendre le premier mouvement.

Da capo ou *D. C?* R. Reprendre au commencement.

Ad libitum? R. A volonté.

N°. 136. — D. *Qu'est-ce qu'un renvoi?*

R. C'est un signe qui se trouve ordinairement à la fin d'un morceau et qui oblige à recommencer immédiatement là où il y en a un semblable.

N° 137. — D. *Qu'est-ce que filer un son ou faire une mise de voix?*

R. C'est soutenir un son, une note, en observant une gradation insensible du *pp.* au *f.*, et revenir au *pp.* par la même gradation; enfin, c'est faire un crescendo et un decrescendo.

N° 138. — D. *Par quoi indique-t-on un son filé ou une mise de voix?*

R. Par un losange que l'on place en dessus ou en dessous d'une note.

CHAPITRE XXVI.

Du point d'orgue, du point d'arrêt, des appogiatures ou petites
notes d'agrément, et du trille.

N°. 139. — D. *Qu'est-ce qu'un point d'orgue ou fermat? Qu'est-ce qu'un point d'arrêt?*

R. Le point d'orgue, que l'on nomme aussi fermat, est un point placé au-dessus ou au-dessous d'une note et surmonté d'une ligne courbe; il est très-souvent aussi accompagné de petites notes que l'on vocalise.

Le signe du point d'orgue reçoit le nom de point d'arrêt, lorsqu'il est placé au-dessus d'un silence ou d'une barre de mesure.

N° 140. — D. *Comment doit-on exécuter un point*

d'orgue, et comment doit-on exécuter un point d'arrêt?

R. On doit exécuter un point d'orgue en filant le son et en arrêtant la mesure sur le dernier temps de la note sur laquelle il est placé. Pour le point d'arrêt, on doit suspendre la mesure lorsqu'il est sur une barre ; quand il est sur un silence, on doit aussi arrêter la mesure sur le dernier temps de ce silence.

N° 141. — D. *Qu'est-ce que l'appogiature ou petite note d'agrément?*

R. C'est une petite note sur laquelle la voix appuie avant de couler sur la note ordinaire qui la suit. Les notes d'agrément n'augmentent pas la valeur de la mesure dans laquelle elles se trouvent.

N° 142. — D. *Combien y en a-t-il d'espèces?*

R. Quatre, savoir : l'appogiature ou note d'agrément simple, l'appogiature brisée, la double appogiature et les groupes ou gruppetto.

N° 143. — D. *Quelle valeur doit-on donner à l'appogiature simple?*

R. La moitié de la valeur de la note ordinaire qui la suit ou les deux tiers, si c'est une note pointée.

Remarque. — Cette règle n'est cependant pas absolue ; la valeur de l'appogiature est soumise surtout à l'intelligence et au goût de !'exécutant.

N° 144. — D. *Comment exécute-t-on l'appogiature ou note d'agrément brisée, et la double appogiature?*

R. L'appogiature brisée s'exécute rapidement : elle n'a presque pas de valeur ; on la reconnaît à un petit trait qui la partage. La double appogiature se fait rapidement aussi et prend le plus souvent sa valeur sur la note ordinaire qui précède, mais quelquefois aussi sur celle qui suit.

N° 145. — D. *Comment doit-on exécuter les groupes ou gruppetto?*

R. Les groupes ou gruppetto doivent être exécutés selon le mouvement et le caractère du morceau : ainsi, dans les adagio et andante, ils doivent se faire avec lenteur, avec goût, et être marqués d'une certaine distinction. Dans l'allegro, au contraire, ils doivent se montrer vifs, mordants et brillants d'exécution (les groupes peuvent être de trois, quatre et même de cinq notes).

R**EMARQUE** — Les groupes s'indiquent souvent par ce signe ∞ que les compositeurs placent au-dessus d'une note ou entre deux notes : dans le premier cas, le groupe doit être fait sur la première partie de cette note, et dans le second cas, on doit le faire sur la deuxième partie de l'une de ces deux notes.

N° 146. — D. *Qu'est-ce qu'un trille?*

R. C'est le battement rapide d'une note avec celle qui est un degré au-dessus. On le commence souvent avec lenteur pour augmenter graduellement la vitesse, et on le termine presque toujours par un groupe de deux ou trois petites notes. Il y a aussi un trille très-court, ou plutôt un fragment de trille qui affecte une note de peu de durée et que l'on nomme mordent ou mordant.

CHAPITRE XXVII.

Du triolet et du sixain ou sextolet.

N° 147. — D. *Comment nomme-t-on un groupe de trois notes qui n'ont pas plus de valeur que deux notes de la même espèce?*

R. On le nomme triolet ; il y a des triolets de

blanches, de noires, de croches, de doubles croches et de triples croches.

Nº 148. — D. *Comment appelle-t-on un groupe de six notes n'en valant que quatre?*

R. Sixains ou sextolets; il y a des sixains de croches, de doubles croches et de triples croches.

Nº 149. — D. *Comment reconnaît-on les triolets et les sixains ou sextolets?*

R. Les notes groupées en triolets sont surmontées d'un 3 et d'une ligne courbe et celles groupées en sixains d'un 6.

Remarque. Quelquefois le triolet, au lieu de remplacer les deux notes qui forment un temps, remplace deux notes formant seulement la moitié d'un temps; par conséquent, le triolet, dans ce cas, ne vaut qu'un demi-temps.

CHAPITRE XXVIII.

Des temps forts et des temps faibles, de la syncope régulière et de la syncope brisée ou irrégulière.

Nº 150. — D. *Qu'appelle-t-on temps forts et temps faibles?*

R. Les temps forts sont ceux qui sont frappés ou qui peuvent se frapper, et les autres sont les temps faibles; ainsi, dans toutes les espèces de mesures, c'est le premier temps qui est le temps fort par excellence.

Remarque. Tous les temps, soit forts, soit faibles, ont également une partie forte et une partie faible; ainsi, dans la mesure à deux temps composée de quatre croches, la première croche représente la partie forte du premier temps, la deuxième croche la partie faible. Il en est de même pour le deuxième temps, et ainsi de suite pour toutes les mesures.

Nº 151. — D. *Qu'appelle-t-on syncope ou son syncope?*

R. C'est une note qui commence sur un temps ou un demi-temps faible, et se prolonge sur un temps ou un demi-temps fort.

On nomme aussi syncope deux notes posées sur le même degré et unies par une liaison.

Nº 152. — D. *Qu'est-ce qu'une syncope régulière et qu'est-ce qu'une syncope brisée?*

R. Une syncope régulière est formée par deux notes de même valeur, comme deux croches, deux noires ou deux blanches unies par une liaison, et la syncope brisée est formée par deux notes de valeur inégale, comme une noire et une blanche, ou une croche et une noire, ou une double croche et une croche.

CHAPITRE XXIX.

Du staccato, de ses indications, de l'entrée et de la rentrée de la réplique, du port de voix et des tenues.

Nº 153. — D. *Qu'appelle-t-on staccato?*

R. C'est le genre d'exécution par lequel, au lieu de soutenir les notes pendant toute leur valeur, on les sépare par un silence pris sur cette même valeur.

Nº 154. — D. *Comment indique-t-on les staccato?*

R. Par des points ronds et par des points allongés que l'on place au-dessus ou au-dessous des notes.

Nº 155. — D. *Que doit-on faire lorsque les points sont ronds?*

R. Il ne faut donner aux notes que la moitié de leur valeur.

Nº 156. — D. *Que doit-on faire lorsqu'ils sont allongés?*

R. On ne doit donner aux notes que le quart de leur valeur.

Nº 157. — D. *Qu'appelle-t-on entrée et rentrée?*

R. On appelle entrée le moment où une partie commence, et rentrée, le moment où elle recommence après avoir compté des silences.

Nº 158. — D. *Qu'appelle-t-on réplique?*

R. C'est le passage exécuté par une partie et écrit en petites notes sur les autres parties, afin d'assurer la justesse et la précision de leur entrée ou de leur rentrée.

Nº 159. — D. *Qu'est-ce que le port de voix?*

R. Le port de voix consiste à diminuer un peu la valeur de la première note pour anticiper sur le son de la deuxième, en glissant légèrement la voix de l'un à l'autre son.

Il se pratique toujours entre deux notes disjointes, et il ne s'indique pas; c'est une affaire de goût de la part de l'exécutant.

Nº 160. — D. *Qu'est-ce qu'une tenue?*

R. On appelle tenue plusieurs notes semblables occupant plusieurs mesures, et unies par une liaison.

CHAPITRE XXX.

Des transitions enharmoniques, des gammes et de la transposition.

N° 161. — D. *Comment appelle-t-on le passage vocal d'une note diésée à une note bémolisée écrites à distance de seconde, comme d'ut dièse à ré bémol, de sol dièse à la bémol, etc. ?*

R. Cela s'appelle transition enharmonique.

N° 162. — D. *Combien y a-t-il de gammes ?*

R. D'après l'étude des gammes, on en trouve quinze, mais l'enharmonie ramène ces quinze gammes au nombre de douze, parce que trois, les gammes de *ré* bémol, de *sol* bémol et d'*ut* bémol, expriment les mêmes sons que les gammes d'*ut* dièse, de *fa* dièse et de *si* naturel.

N° 163. — D. *Qu'est-ce que transposer ou qu'est-ce que la transposition ?*

R. C'est poser plus bas ou plus haut, sur la portée, les notes d'un chant qui serait trop aigu ou trop grave pour l'exécutant.

N° 164. — D. *La transposition peut-elle s'opérer de plusieurs manières ?*

R. Oui, il y a deux manières : on peut transposer d'un ton dans un autre ton, ou d'une clef dans une autre clef.

CHAPITRE XXXI.

Des intervalles consonnants et des intervalles dissonants, des consonnances parfaites et des consonnances imparfaites.

N° 165. — D. *Qu'appelle-t-on intervalle consonnant ou intervalle dissonant ?*

R. Les intervalles consonnants sont ceux qui produisent à l'oreille une sensation complète et satisfaisante, et les dissonants sont ceux dont l'effet a quelque chose de pénible et laissent désirer une solution. (Il y a aussi les consonnances parfaites, les imparfaites et les mixtes ou vagues.)

N° 166. — D. *Nommez les intervalles consonnants ?*

R. Il y a six intervalles consonnants, qui sont :
1° La tierce majeure et son renversement.
2° La sixte mineure.
3° La tierce mineure et son renversement.
4° La sixte majeure.
5° La quinte juste.
6° L'octave juste.

N° 167. — D. *Nommez les dissonants.*

R. Il y en a quatre, qui sont :
1° La seconde majeure et son renversement.
2° La septième mineure.
3° La seconde mineure et son renversement.
4° La septième majeure.

N° 168. — D. *Comment considère-t-on les intervalles augmentés ou diminués, et comment considère-t-on aussi l'intervalle de quarte ?*

R. Les intervalles augmentés ou diminués sont tou-

jours dissonants, et la quarte est quelquefois re-
gardée comme dissonance, à cause de sa dureté, et
quelquefois comme consonnance, parce qu'elle n'est
autre chose que le renversement de la quinte, qui est
une consonnance parfaite. (On qualifie aussi l'intervalle de quarte de consonnance mixte.)

N° 169. — D. *Qu'appelle-t-on consonnance parfaite et consonnance imparfaite?*

R. On appelle consonnance parfaite les intervalles
de quinte et d'octave, parce qu'ils donnent le sentiment
du repos, de la conclusion, et qu'on ne peut les altérer sans qu'ils deviennent dissonants; et l'on appelle consonnance imparfaite les intervalles de tierce
et de sixte, parce qu'ils peuvent, au moyen d'une altération, devenir de majeurs mineurs, et de mineurs
majeurs, sans cesser d'être consonnance, et qu'enfin
ils ne donnent pas, comme les précédents, le sentiment du repos.

CHAPITRE XXXII.

De la mélodie, de l'harmonie, de l'accord.

N° 170. — D. *Qu'appelle-t-on une mélodie ou un
chant?*

R. Un chant ou une mélodie n'est autre chose
qu'une suite de sons qui, en se succédant ou en s'en-
chaînant les uns aux autres, forment un ensemble
agréable à l'oreille.

N° 171. — D. *Qu'appelle-t-on harmonie ou de
l'harmonie?*

R. On nomme harmonie l'exécution simultanée de

plusieurs sons : lorsque vous chantez un chœur, vous exécutez de l'harmonie. (On appelle encore harmonie une musique (surtout militaire) composée d'instruments à vent.

N° 172. — D. *Qu'appelle-t-on un accord?*

R. On appelle accord la réunion de plusieurs sons (trois au moins) entendus simultanément, et l'on nomme fondamentaux ceux où les notes sont séparées l'une de l'autre par un intervalle de tierce: tels sont l'accord parfait et l'accord de dominante.

CHAPITRE XXXIII.

De l'accord parfait majeur, de l'accord parfait mineur et de l'accord de septième dominante.

N° 173. — D. *De quoi est formé l'accord parfait majeur et l'accord parfait mineur?*

R. L'accord parfait majeur est formé de la première, de la troisième et de la cinquième note d'une gamme majeure. On peut y ajouter aussi la dernière note (l'octave). L'accord parfait mineur est formé des mêmes degrés que ceux indiqués ci-dessus, sauf qu'ils sont pris dans une gamme mineure.

N° 174. — D. *Comment forme-t-on un accord de septième dominante?*

R. En faisant un accord parfait majeur sur la dominante ou cinquième note d'une gamme, et en y ajoutant, au lieu de l'octave, une tierce mineure au-dessus de la quinte, ce qui fait une septième en partant de la note fondamentale.

N° 175. — D. *Qu'appelle-t-on note ou basse fondamentale?*

R. La note ou basse fondamentale est la note la plus grave d'un accord, lorsqu'il est divisé par tierces.

CHAPITRE XXXIV.

Des accords consonnants, des accords dissonants et des accords les plus usités.

N° 176. — D. *Qu'appelle-t-on accords consonnants et accords dissonants?*

R. Les accords consonnants sont ceux qui résonnent le plus agréablement à l'oreille et qui satisfont, sans le secours d'aucun autre; l'accord parfait est consonnant; les accords dissonants sont ceux dont l'effet est moins satisfaisant et qui ne deviennent agréables que par leur liaison avec des accords consonnants; l'accord de septième dominante est dissonant.

N° 177. — D. *Quels sont les accords les plus usités?*

R. Les accords les plus usités sont l'accord parfait majeur, l'accord parfait mineur, l'accord de septième dominante et l'accord de quinte diminuée.

CHAPITRE XXXV.

De la modulation, de la transition, de la variation
et de la partition.

N° 178. — D. *Qu'appelle-t-on modulation, et qu'a-
pelle-t-on transition?*

R. On appelle modulation les changements de ton
ou de mode qui peuvent survenir dans le courant
d'un morceau de musique, et l'on nomme transition
le moment même où l'on fait succéder un ton à un
autre. La modulation, qui est une des parties les
plus importantes de l'harmonie, dure d'une transition
à une autre transition.

N° 179. — D. *Qu'appelle-t-on variation ou varier
un air?*

R. C'est ajouter à une mélodie différents ornements,
tels que groupes ou demi-groupes, trilles sur certains
passages, points d'orgue, division de la valeur des
notes ou changement d'accent de force, etc., etc.;
mais, malgré tous ces ornements et ces changements, il faut que la mélodie que l'on a variée soit
reconnue.

N° 180. — D. *Qu'appelle-t-on partition?*

R. C'est la réunion de toutes les parties vocales ou
instrumentales, unies entre elles par une accolade et
écrites les unes sous les autres, de manière à ce que
la même barre de mesure serve pour toutes les
parties, ce qui permet de voir d'un coup d'œil
tout ce qui doit se jouer ou se chanter en même
temps.

Gammes ascendantes
½ ton
½ ton.
½ ton
½ ton
½ ton
Gammes descendantes.
Signes indiquant la durée des sons.
Gammes avec les différentes espèces de Notes.
Signes représentant la durée de l'interruption des sons.
Notes pointées.
Silences pointés.
Cléf de sol.
Clefs d'ut.
Clefs de fa.
Mesures de Musique

Notes liées ou syncopées.
Notes coulées.
Dièse. Doubles dièses. bémol. doubles bemols. Becarre. double bécarre.
Dièses accidentels.
Bémols accidentels.
Armure de la Clef.
Armure de la Clef.
Ordre de Génération des
Ordre de Génération des
Renvois.
Barres de reprise.
da Capo.
D.C.

Points d'orgue.
Points d'arrêt.
Notes d'agrément.
Appogiatures brisées.
Groupes.
Groupes.
fin
Triolets.
Sextolets ou sixains.
Points du staccato ou détachés.

Accord parfait majeur. Accord parfait mineur. Accord de quinte diminuée.
Accord de dominante. Accord de septième de dominante.
Modulations mélodiques.
Modulations harmoniques.